coleção primeiros passos 111

Ana Maria Ramos Estevão

O QUE É
SERVIÇO SOCIAL

editora brasiliense

Copyright © by Ana Maria Ramos Estevão
Nenhuma parte desta publicação pode ser gravada,
armazenada em sistemas eletrônicos, fotocopiada,
reproduzida por meios mecânicos ou outros quaisquer
sem autorização prévia da editora.

Primeira edição, 1984
6ª edição, 1992
8ª reimpressão, 2013

Diretora editorial: *Maria Teresa B. de Lima*
Editor: *Max Welcman*
Diagramação: *Digitexto Serviços Gráficos*
Capa e ilustrações: *Miguel Paiva*
Revisão: *Fernanda Bottallo*

Dados Internacionais de Catalogação na Publicação (CIP)
(Câmara Brasileira do Livro, SP, Brasil)

Estevão, Ana Maria Ramos
O que é serviço social / Ana Maria Ramos
Estevão. - - São Paulo : Brasiliense, 2013. - -
(Coleção Primeiros Passos ; 111)

8ª reimpr. da 6. ed. de 1992.

1. Serviço social   I. Título   II. Série

06-6415   CDD-361.3

Índices para catálogo sistemático:
1. Serviço Social   361.3

editora brasiliense ltda.
Rua Antônio de Barros, 1839 – Tatuapé
CEP 03401-001 – São Paulo – SP
www.editorabrasiliense.com.br

Sumário

Introdução 7

I – Das damas de caridade a Mary Richmond
e a infância do Serviço Social 11

II – O feijão e o sonho: o Serviço Social
descobre a luta de classes 27

III – O sonho acabou e o feijão está caro,
o Serviço Social põe os pés no chão 49

IV – Do pobre ao cidadão 57

Conclusão: novos horizontes 63

Indicações para leitura 67

Sobre a autora 69

"Entre nós, onde tão penosa função ainda não constitui meio de vida, pode-se acrescentar que a assistente social deve ser rica, bonita e alegre."
Plinio Olinto - 1939

"Nada do que é humano me é estranho."
Terêncio

*Para Iracy e Pedro, meus pais, por quem são.
Para Ivan e Júlia, meus filhos, e para
Isabel Metzger Estevão, minha primeira neta
e a todos os outros netos que ainda virão.*

Introdução

"Assistente social é aquela moça boazinha que o governo paga para ter dó dos pobres."

Qualquer definição popular e até algumas definições dadas por profissionais sobre o Serviço Social contêm esses dois elementos: a moça e o pobre. Isso tem uma aparência de verdade, mas apenas aparência.

As origens do Serviço Social estão fincadas na assistência prestada aos pobres, por mulheres piedosas, alguns séculos atrás. De lá para cá, apesar de muita coisa ter mudado, o Serviço Social continuou sendo uma profissão essencialmente feminina, as ricas damas de caridade cederam lugar às filhas da classe média ou dos trabalhadores urbanos. Mas claro que isso não é suficiente para descrever a profissão.

De fato não é fácil descrever o que é o Serviço Social, para que serve o trabalho da assistente social e como ele se realiza.

Fazemos Assistência Social ou Serviço Social? Já se disse que o Serviço Social é "uma ciência", "uma engenharia social", "uma arte".

Alguns mais irônicos dizem que a assistente social "assiste o social"; outros mais sérios disseram que somos "os artífices das relações sociais" ou "os modernos agentes da caridade". Para os de "esquerda" somos os que põem panos quentes nas feridas do capitalismo. Enfim, tanto leigos como profissionais já deram mil e um palpites e até agora não se conseguiu definir o que é Serviço Social. Para se resolver o caso, até se tentou mudar o nome da profissão.

Talvez perguntar o que é Serviço Social não seja a questão certa.

Acho que o melhor seria o que fazem e pensam os assistentes sociais, contando um pouco de sua história, mostrando que o Serviço Social tem pai e mãe e, inclusive, até já se deitou no divã do analista.

O Serviço Social é fruto da união da cidade com a indústria.

Seu nascimento teve como cenário as inquietudes sociais que surgiram do capitalismo e, como qualquer bom filho, quis possuir a mãe (a cidade) e se identificar com o pai (a indústria).

Na adolescência, negou várias vezes suas origens e hoje pode-se dizer que adquiriu feições próprias, com contornos definidos na luta pela sobrevivência e, identificado com seus pais, chegou para ficar.

É claro que, em sua fase de maturação, mantém todas as ambiguidades inerentes a uma profissão que, buscando comprometer-se com a população à qual presta serviços, é também canal de ligação entre instituições públicas e cidadãos, empregados e patrões.

Daí, a consciência infeliz de muitos assistentes sociais que acreditam na profissão, mas não sabem o que fazer com ela.

Se me disponho a escrever sobre o que é Serviço Social não é só porque pode interessar a muita gente, mas principalmente porque, apesar de tudo, acredito na profissão.

Das damas de caridade a Mary Richimond e a infância do serviço social

Desde que existem pobres, há gente que se preocupa com eles. Mas a partir do surgimento da sociedade capitalista, quando o lucro deixou de ser pecado ou imoralidade, que a preocupação com as "classes despossuídas" e os problemas sociais e políticos que esta população poderia criar, tornou-se uma necessidade de defesa da burguesia recém-chegada ao poder.

Estado e Igreja vão dividir tarefas: o primeiro impõe a paz política (e com toda a violência necessária), a Igreja, ou melhor, as Igrejas (Católica e Protestante) ficam com o aspecto social: trata-se de fazer caridade.

A justificativa é a necessidade de todos praticarem o bem, portanto os ricos precisavam cumprir seus deveres com os pobres. Era uma preocupação com o indivíduo. O modo pelo qual se pensava resolver os problemas sociais era pela "reforma dos costumes" ou "reforma social" de cada um.

Toda a assistência social nessa época era feita de forma não-sistemática, sem qualquer teorização a respeito além de vagas justificativas religiosas e ideológicas.

É a partir da segunda metade do século XIX que algumas pessoas, como Chalmers, na Inglaterra, Ozanam, na França e Von der Heydt, na Alemanha, praticam uma caridade de caráter assistencial que se constitui em um esboço de técnica e de forma organizada.

Mas o que faziam essas pessoas que era diferente da prática caritativa anterior?

Elas dividiram as paróquias em grupos de vizinhança, designaram um responsável em cada setor para distribuir ajuda material e fazer trabalho educativo (principalmente dando conselhos).

As conferências São Vicente de Paulo, em 1833, por exemplo, organizam seu trabalho em torno de visitas e ajudas a domicílio, creches, escolas de reeducação de delinquentes, cuidados e socorros a refugiados e imigrantes. O que era feito apenas nas paróquias passa a ser feito por toda a cidade.

A princípio organizada em pequenos bairros, a assistência começou se expandir-se e procurou conquistar um espaço na cidade inteira.

Até aí a Assistência Social é exercida, em caráter não profissional, como contribuição voluntária daqueles que possuíam bens para aqueles que eram pobres.

Bem, o que fazia, então, uma dama de caridade ou "assistente social" na segunda metade do século XIX?

Procurava em primeiro lugar conhecer as verdadeiras necessidades de cada um. Usar economicamente as esmolas disponíveis, visitar as casas dos pobres e necessitados, estudar conscienciosamente os pedidos de ajuda e conseguir trabalho para os "desocupados", para prevenir os problemas derivados da pobreza.

Um marco importante para a organização da Associação Social é a fundação em 1869 da Sociedade de Organização da Caridade em Londres, que se baseia em alguns pontos que fundamentaram a prática de toda a assistência social a partir de então. Seus princípios de trabalho são:

1. Cada caso será objeto de uma pesquisa escrita.
2. Este relatório será entregue a uma comissão que decidirá o que se deve fazer.
3. Não se dará ajuda temporária, mas metódica e prolongada até que o indivíduo ou a família voltem às suas condições normais.
4. O assistido será agente de sua própria readaptação, como também seus parentes, amigos e vizinhos.
5. Será solicitada ajuda às instituições adequadas em favor do assistido.
6. Os agentes dessas obras receberão instruções gerais e escritas e se formarão por meio de leituras e estadias práticas.
7. As instituições de caridade enviarão a lista de seus assistidos para formar um fichário central, com o objetivo de evitar abusos e repetições de pesquisas.
8. Formar-se-á um repertório de obras de beneficência que permita organizá-las convenientemente.

Sociedades como esta se formaram em todos os países capitalistas mais desenvolvidos, principalmente nos Estados Unidos.

A novidade principal dessas instituições era colocar, como princípio, a necessidade de criar instituições que se encarregassem de formar pessoas especificamente para realizar as tarefas de assistência social e colocar em pauta a institucionalização do Serviço Social.

O que se fazia por prazer ou por obrigação religiosa passa a se esboçar como uma profissão secularizada.

Mas é bom lembrar que para esse movimento de institucionalização outros fatores importantes contribuíram.

Temos de pensar, então, como e por que ou para que surge uma profissão.

Em primeiro lugar é quando ela se torna socialmente necessária e as práticas profissionais se gestam no labor cotidiano. Antes de serem instituídas, as profissões se legitimam pela sua eficácia social e/ou política. É claro que as questões humanísticas contam como declaração de boas intenções, principalmente para aqueles que serão os pioneiros da profissão. O Serviço Social também começou assim.

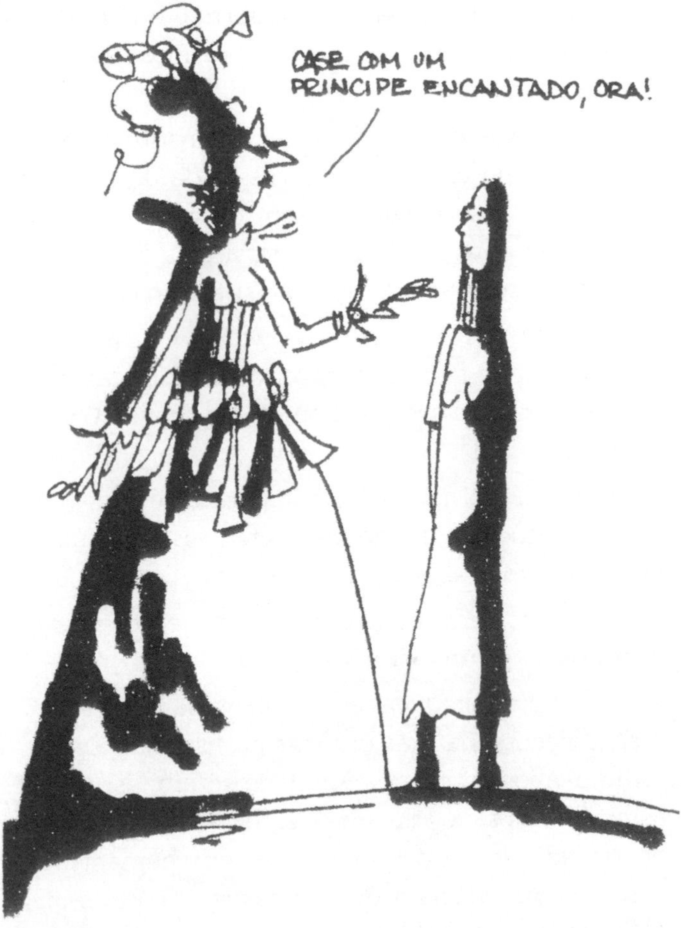
CASE COM UM
PRINCIPE ENCANTADO, ORA!

Em 1899, na cidade de Amsterdã, funda-se a primeira escola de Serviço Social do mundo e inicia-se também o processo de secularização da profissão, isto é, para o Serviço Social, as explicações religiosas do mundo são substituídas por explicações científicas. O nascimento da Sociologia vai dar o suporte teórico para o Serviço Social.

A nova profissão seguiu caminhos diferentes em cada país. Para nós interessa lembrar como isto aconteceu nos Estados Unidos porque, como bons colonizados, copiamos os métodos e técnicas de lá, durante muito tempo.

As damas de caridade que pretendiam ganhar céu minorando as agruras alheias acreditavam seriamente que os pobres eram a causa de sua própria situação e bastavam uma ajuda inicial e alguns conselhos bem dirigidos para que se lhes abrissem as portas das benesses que o capitalismo oferecia a todos indistintamente. Como o pobre sempre tem muitos filhos, não bastava apenas ajudar a pessoa, era necessário também pensar na família, daí surge o trabalho com as famílias, com menores, na área de higiene, etc.

Até então, por razões semelhantes, o poder público não estava interessado em assumir os custos da assistência social, deixando-a nas mãos de instituições particulares, especialmente as religiosas.

No entanto, havia uma sociedade capitalista em desenvolvimento. Uma época de profundas crises econômicas, com a pobreza e a miséria se alastrando, consequências do rápido crescimento urbano e industrial. A Sociologia tentou dar conta de tudo isto e oferecer uma explicação não religiosa ao que acontecia na sociedade e, ao mesmo tempo, havia na sociedade americana várias experiências de filantropia e caridade, tendendo a procurar um espaço dentro das novas profissões emergentes.

Foi juntando tudo isso e mais a preocupação em reformar essa sociedade que Mary Richmond, uma assistente social norte-americana, no início do século XX, teve a sensibilidade de começar a pensar e a escrever a respeito do que é Serviço Social e de como ele deveria ser exercido.

Aproveitando os relatos de experiências de colegas e alunas e a sua vasta experiência de anos de instituição, ela é a primeira a escrever sobre a diferença entre fazer "assistência social", ou caridade, ou filantropia, e o Serviço Social propriamente dito.

É por meio de seu livro *Caso Social Individual* que surgem as primeiras luzes sobre uma prática profissional não ainda institucionalizada, e é ela quem vai dar as medidas da prática profissional competente.

Para Mary Richmond, dar ajuda material às pessoas pobres não era Serviço Social, era apenas um osso do ofício, mas não o próprio ofício.

De fato, para ela, fazer Serviço Social implicava trabalhar a personalidade das pessoas e o seu meio social. É claro que o "meio social" eram a família, a escola, os amigos, o emprego, etc.

O que faria então um assistente social no início deste século se ele fosse sério, rigoroso e competente?

Em primeiro lugar iria preocupar-se em determinar qual a história individual da formação da personalidade de seu cliente. Se ele não havia conseguido desenvolver suas potencialidades, enquanto pessoa e cidadão, era porque a situação vivida por ele, em seu meio social, não havia permitido um correto e completo desenvolvimento de sua personalidade.

Esta primeira assistente social acreditava que a personalidade das pessoas pode, por motivos alheios à sua vontade, dependendo do meio social em que viva, se atrofiar, não realizando assim tudo de que as pessoas podem ser capazes quando lhes são dadas as condições necessárias.

Iria também estudar e investigar seriamente o meio social daquela pessoa, por meio de entrevistas, conversas informais, visitas domiciliares a amigos, professores, patrões, etc. Observando e anotando, fazendo relatórios minuciosos, obteria um diagnóstico e tentaria descobrir quais as possibilidades de aquela pessoa vir a desenvolver a sua personalidade e como conseguir a ajuda do meio social para sua causa.

Era preciso descobrir quais possíveis motivações de seu cliente poderiam incentivá-lo a querer mudar, a desenvolver-se como gente, descobrir quais aspectos de sua personalidade deveriam ser reforçados e quais deveriam ser negados.

Isso feito, era necessário então escolher qual caminho dever-se-ia seguir para que essa personalidade se desenvolvesse e para que o meio social contribuísse para isso. Caso o meio social não pudesse mudar, o cliente mudaria de meio.

Mary Richmond chamou esse procedimento de "as ações": ações diretas sobre a personalidade do cliente e indiretas sobre o meio.

O assistente social, por meio de longas conversas, de caminhadas noite afora e de visitas, ganharia a confiança, mostraria estar (como de fato estava) interessado em apoiá-lo e ajudá-lo na sua caminhada em busca de seu desenvolvimento individual, propondo-lhe alternativas, mostrando-lhe caminhos e, principalmente, exercendo influência sobre a consciência da pessoa.

As ações indiretas sobre o meio seriam para fazer com que este contribuísse para o tratamento não só pelo apoio, mas também com a efetiva melhoria das relações sociais entre o cliente e o seu meio.

O assistente social faria reuniões, entrevistas e debates, daria sugestões, faria críticas para que as pessoas e instituições em volta do cliente estivessem também afinadas no trabalho de desenvolver essa personalidade atrofiada.

Evidentemente, o cliente chegava diante do assistente social para solicitar algum tipo de ajuda concreta: dinheiro, roupas, casa, comida, etc. A instituição dava ao profissional os meios para atender esta solicitação, mas o trabalho não parava aí.

Essa proposta profissional chama-se *Serviço social de casos individuais*. E exigia muito tempo e muita paciência, extensos relatórios e coleta minuciosa de dados.

O grande mérito de Mary Richmond foi dar um estatuto de seriedade à profissão, mostrar que era possível fazer mais do que caridade, ser rigoroso em termos de procedimento, descobrir técnicas que possibilitassem o exercício profissional.

Os textos até então escritos sobre o assunto eram apenas um pouco mais que arrazoados de fé. Mary Richmond secularizou a profissão e, ao mesmo tempo, teve a lucidez de perceber que era necessário dar bases técnicas à prática sistemática que se exercia, oferecendo formas de trabalhar nas quais todos os assistentes sociais se reconhecessem.

Foi baseando-se nos textos dela que todo mundo escreveu, criticou, mudou.

É bom lembrar que o livro *Caso social individual* foi publicado em 1917, após o susto da revolução socialista soviética, quando o capitalismo assume novas feições, e que, nessa época, já várias instituições de filantropia remuneravam seus profissionais; assim, trabalhar como assistente social, pouco a pouco, perdia seu caráter de voluntariado para se constituir em mais uma profissão dentro da divisão social do trabalho, na sociedade industrial capitalista e desenvolvida.

Mary Richmond foi a pioneira do Serviço Social nessas bandas. Tratar indivíduos isoladamente ou fazer Serviço Social de Casos tornou-se lugar-comum. E até hoje faz parte da formação profissional do Assistente Social aprender a resolver "casos".

Algumas décadas depois, aparece um segundo tipo de método de atuação em Serviço Social: o *Serviço Social de Grupo*.

O aprofundamento da crise capitalista tornou evidente que resolver "casos" de maneira isolada, um por um, já não era suficiente para atender às grandes demandas. Ao mesmo tempo, a manipulação de massas realizada por fascistas e nazistas, no bojo dessa crise, despertou a atenção da psicologia social para o desenvolvimento de teorias e experimentação sobre o comportamento dos grupos.

Kurt Lewin, um psicólogo alemão, judeu, exilado nos Estados Unidos, elaborou uma teoria a respeito dos grupos: os grupos têm uma certa dinâmica que, sendo trabalhada, poderia oferecer resultados práticos no tratamento psicológico. A coisa funcionou e essa prática de psicologia de grupos passou a ser utilizada em várias áreas de atividade: acampamento de jovens, Centros Comunitários, recuperação de delinquentes juvenis, etc.

Os assistentes sociais começaram então a trabalhar também com grupos e, em 1934, iniciou-se dentro do Serviço Social um movimento que tem por finalidade definir a técnica e os objetivos desse método de trabalho. Pouco a pouco, a prática profissional exercida nos grupos é aceita como um dos métodos e forma básica por meio da qual o Serviço Social atua.

O assistente social podia, em determinadas instituições, montar os grupos por tipo de problema comum apresentado: grupo de jovens que querem fazer recreação, senhoras que querem ajudar os favelados de uma região, ou então ser solicitado por algum grupo local para dar a orientação técnica necessária ao bom funcionamento desses grupos. O problema a ser tratado pelo assistente social tanto podia ser do grupo como exterior a ele.

Foi em 1935 que Gisella Konopka, uma assistente social americana, escreveu um dos clássicos do Serviço Social de Grupo, no qual destaca a necessidade de se encontrar formas de vencer a solidão dos grandes centros urbanos e criar laços de amizade e ajuda mútua entre as pessoas. Nessa época, as pessoas também sentiam na pele que a competição na sociedade capitalista não era brinquedo.

O grande e não planejado crescimento urbano era um monstro, bicho-papão pronto a engolir as pessoas; o Serviço Social, pensava-se, tinha as condições e o espaço social necessário para lutar contra ele profissionalmente.

O desenvolvimento do Serviço Social de Grupo levou a um terceiro método de atuação profissional: o *Serviço Social de Comunidade*.

A concepção de trabalhos com grupos desenvolveu-se para a ação intergrupos. Ou seja: há certo tipo de problemática social que necessita da atuação de vários grupos, que, por terem objetivos comuns, devem se interligar. E a partir dessa necessidade que começa a se gestar a noção de Serviço Social de Comunidade.

De início, trata-se de um trabalho de organização de comunidade entendido como "a arte e o processo de desenvolver os recursos potenciais e os talentos de grupos de indivíduos e dos indivíduos que compõem esses grupos". Depois, o Serviço Social de Comunidade vai ser concebido como "um processo de adaptação e ajuste de tipo interativo e associativo e mais uma técnica para conseguir o equilíbrio entre recursos e necessidades".

Essa ideia de organizar a comunidade passa a ser mais bem precisada quando se descobriu que, juntamente com os esforços dos grupos e das populações locais, agrega-se o esforço dos governos para promover a melhoria das condições econômicas, sociais e culturais das comunidades.

Mas as coisas não seriam assim tão plácidas: no pós-guerra, com o socialismo grassando na Europa Oriental e na China, o mundo já tendo sido repartido por blocos de interesses opostos, era necessário oferecer aos países do "Terceiro Mundo", na área de influência dos Estados Unidos, uma alternativa para a proposta socialista.

Já não era possível pensar apenas em organizar a "comunidade", mas era necessário, principalmente, promover o seu desenvolvimento com seus próprios recursos humanos e materiais (evidentemente com uma pequena ajuda do exterior).

O trabalho social com comunidade é outro espaço que vai ser conquistado pela profissão e desenvolvimento de comunidade passa a ser um método de trabalho privativo do Serviço Social, que produziu efeitos tão bons para os interesses norte-americanos e para o sistema que até a ONU (Organização das Nações Unidas) formula propostas de desenvolvimento de comunidade para os países ditos subdesenvolvidos: é a fórmula mágica que irá salvar esses países do comunismo, isto é, da barbárie.

O FEIJÃO E O SONHO: O SERVIÇO SOCIAL DESCOBRE A LUTA DE CLASSES

Quem, nos idos de 1960, tinha em torno de doze anos de idade, morava na periferia das grandes cidades e era pobre o suficiente para procurar as instituições assistenciais, deve se lembrar dos saquinhos de leite em pó e de farinha de trigo que se distribuíam para a população. Todos eles tinham em comum o carimbo em português e inglês: Aliança para o Progresso – Alimentos para a Paz.

Com esses alimentos, chegam, na América Latina e no Brasil, o Desenvolvimentismo e o Serviço Social de Comunidade.

A princípio, orientado por vagas noções de doença social, anormalidade, necessidade de equilibrar os pontos de estrangulamento social e de desequilíbrio, evolui depois para as ideias de subdesenvolvimento e atraso econômico. As comunidades eram atrasadas culturalmente, economicamente subdesenvolvidas e socialmente doentes.

É nesse período que tomam pé as ideias "desenvolvimentistas", isto é, as que visam a tirar os países da América Latina do atraso, trazê-los para a modernidade capitalista, fazer um esforço conjunto povo-governo para promover o progresso de cinquenta anos em cinco.

A postura desenvolvimentista examina a posição dos países do assim chamado Terceiro Mundo em termos de transição de uma sociedade tradicional para uma sociedade moderna.

O desenvolvimento econômico é um processo com várias etapas que tem como objetivo levar os países ao mesmo modelo econômico dos países desenvolvidos. Para nós, "tupiniquins", o modelo eram os Estados Unidos.

A emergência da problemática do desenvolvimento, pensado dessa forma, influenciou os projetos profissionais do Serviço Social, entendido como uma técnica que deve contribuir, e tem todas as condições para isso, no processo geral do desenvolvimento econômico e social do país.

Assim, na década de 1960, o Serviço Social se expande ao assumir as propostas desenvolvimentistas, também em plena expansão nos países latino-americanos; propostas estas levadas a efeito no Brasil pelos governos Juscelino e Jânio Quadros.

Como a sociedade tende a se modernizar, o Serviço Social também se moderniza. As funções profissionais também se expandem. No Brasil, falava-se muito em despertar o gigante adormecido que, uma vez acordado, traria a prosperidade, a paz, elevando-se o nível de vida do povo e o produto interno bruto.

Para despertar o gigante, é necessário industrializar o país a toque de caixa. Se para isso é necessário capital estrangeiro, não tem importância.

A meta prioritária do governo passa a ser o homem, não somente o crescimento econômico em si mesmo; assim se passava pelo menos em nível do discurso janista e assistente social sempre gostou de boas intenções.

Nesse momento, os "assistentes sociais se propõem a aceitar o desafio de sua participação no novo projeto desenvolvimentista, exigem posições e funções, e avaliam as formas para preparar-se para desempenhá-las a contento".

"Propõem-se, através do método de Desenvolvimento de Comunidade a contribuir para o processo de mudança exigido pelo desenvolvimento"; enfim, os grandes problemas estruturais terão soluções técnicas.

Apenas retomando: o Serviço Social começa sua existência tratando os problemas sociais de forma individual pelo atendimento de casos, incorporando depois os métodos de grupo e de comunidade. No começo da década de 1960, os assistentes sociais assumem o desenvolvimentismo, e sua atuação, ao tornar-se mais técnica, fundamenta-se na busca de neutralidade, frieza e distanciamento em relação aos problemas tratados e no aprimoramento dos métodos.

O assistente social para trabalhar dentro dessa perspectiva tinha de ser quimicamente puro, inodoro, incolor e insípido, segundo caracterização feita por Ander-Egg.

Um fato que, de viés, colaborou para que o Serviço Social latino-americano assim se caracterizasse foi a revolução socialista cubana de 1959. O êxito da experiência cubana mostrou-se um perigo para os regimes latino-americanos.

De repente, os Estados Unidos se veem na contingência de apresentar propostas alternativas para um continente onde a maioria da população era de analfabetos, famintos, culturalmente "atrasados" e economicamente subdesenvolvidos. Precisavam fazê-lo, pois o inimigo havia se implantado em seu próprio quintal. Cuba era um exemplo de que o *status quo* norte-americano passava por um grande risco.

Cuba transforma-se em um problema político e a resposta a esse problema também deveria ser política; daí a ALIANÇA PARA O PROGRESSO que, além de oferecer ajuda material concreta às populações, trouxe as ideias desenvolvimentistas.

Cabe não esquecer que, com o florescimento da indústria em nossos países, o Serviço Social de empresa acha um campo fértil para o seu desenvolvimento. Mas o desenvolvimento da profissão em empresas acontece paralelamente ao seu desempenho na área pública institucional, e é até hoje um campo de atuação que mantém certa autonomia em relação aos outros, e muitos assistentes sociais até o consideram o patinho feio do Serviço Social.

No momento em que parece que foram dadas todas as condições para a elaboração de uma concepção desenvolvimentista do Serviço Social, que os assistentes sociais se instalaram no novo espaço profissional que se abria, a dinâmica do processo social levou a situações que parecem negar essa possibilida-

O assistente social tinha que ser quimicamente puro, inodoro, incolor e insípido.

de e colocou o Serviço Social tanto na América hispânica, quanto no Brasil em profunda crise existencial, que vai ser resolvida por caminhos diferentes.

Vários fatos são significativos para a compreensão dessa crise existencial. Alguns internos à profissão, outros alheios a ela.

Após algum tempo de prática na perspectiva desenvolvimentista e comunitária duas questões se colocaram para os assistentes sociais:

1. Era impossível trabalhar dentro das realidades locais, tentando responder aos desafios próprios dessa realidade, com métodos e técnicas modernos, sim, mas elaborados em outra realidade. Isto é, os métodos de desenvolvimento de comunidade elaborados nos países desenvolvidos não davam certo em países subdesenvolvidos.
2. Era impossível ser profissionais neutros, aplicando métodos e técnicas de forma fria e descomprometida, numa realidade com problemas sociais tão graves e tão humanos.

Se a Aliança para o Progresso era uma resposta política diante dos problemas políticos, se o trabalho em comunidade colocava claramente as questões do "atraso cultural", do subdesenvolvimento, da participação de toda a população no progresso social, por que isso não acontecia?

Entram na ordem do dia, dentro do Serviço Social latino-americano, as questões políticas, porque, por mais bem-intencionados que os assistentes sociais fossem, era evidente que o que se fazia não era suficiente para responder às verdadeiras questões.

Pouco a pouco, a princípio timidamente e depois com todo o furor revolucionário que grassava na segunda metade da década de 1960, surge entre os assistentes sociais o que se denominou a Geração 65, isto é, o Serviço Social descobre a luta de classes.

Como diz o cantor e compositor Paulinho da Viola, "as coisas estão no mundo, o que eu preciso é aprender".

A Geração 1965 não começou sua autocrítica feroz questionando o desenvolvimento, mas com a crítica à pretensa neutralidade exigida dos técnicos e à importação de métodos. Começava-se então a lutar por um Serviço Social com feições próprias, isto é, com métodos e técnicas mais de acordo com nossas realidades.

Passamos a pensar, teorizar, ensinar e ensaiar um Serviço Social tipicamente latino-americano.

Em 1965, também, o mundo estava entrando em fase de ebulição, e a Geração 1965 sofreu o duro transe de ver questionada toda sua concepção de mundo, de sociedade, vendo ruir pouco a pouco os alicerces de tudo em que acreditava, inclusive os da profissão.

Os economistas deixaram de falar em subdesenvolvimento e passaram a falar em dependência, capitalismo monopolista, imperialismo.

Os sociólogos deixaram de acreditar na harmonia e no equilíbrio social e passaram a falar em contradições, luta de classes, conflitos inconciliáveis de interesses.

Os assistentes sociais deixaram de falar em pobre, carente, patologia social, desenvolvimento de comunidade e passaram a falar em mudanças de estrutura, trabalhadores, compromisso com a população e revolução.

O questionamento quanto à situação política dos países latino-americanos torna-se mais agressivo: os trabalhadores, os sindicatos, as universidades, os profissionais liberais, os trabalhadores rurais, enfim, a sociedade em seu conjunto começa a falar em socialismo, em passagem do poder de uma classe para a outra, passa a questionar o *status quo*.

No bojo dessas interrogações, tendo em vista a proposta emergente de uma nova sociedade, moldada em relações não capitalistas de trabalho e de vida, o Serviço Social entra em pânico.

"E se vier o socialismo, nós que sempre trabalhamos de braços dados com o sistema, faremos o quê?"

Mas, então, no Brasil vem o "milagre" (e o arrocho, e a repressão, e o Ato Institucional nº 5): as coisas tomam um rumo muito diferente daquele tomado nos demais países da América do Sul.

Nestes, a resposta a essas questões deu no que se convencionou chamar de Movimento de Reconceituação do Serviço Social. Isto é, todos os conceitos, crenças, bases teóricas já não mais valiam; era necessário procurar outros. Era necessário criar também outros espaços profissionais.

Tudo que os assistentes sociais faziam até esse momento estava maculado pelos interesses burgueses. Trabalhar em instituições públicas significava fazer o jogo do sistema, trabalhar em indústria era defender os interesses do patrão perante os operários, distribuir ajuda material era ser paternalista e assistencialista.

Enfim, fazer Serviço Social era reproduzir a ideologia burguesa, capitalista e exploradora.

Logo, fazia-se necessário, inclusive, mudar o nome da profissão. O Serviço Social passou a se chamar Trabalho Social e a concepção desenvolvimentista e técnica anterior deu lugar a uma concepção "conscientizadora–revolucionária".

O método de trabalho pautava-se obrigatoriamente pelo "materialismo histórico e dialético", as análises informadoras da prática, os textos produzidos nos países latino-americanos traziam sempre a reafirmação de doutrinas "marxistas".

Para se chegar ao Serviço Social era preciso, antes de tudo, falar de luta de classes, de contradição, de tese, antítese e síntese, de formas de ver e ler a realidade, de ideologia; enfim, uma certa terminologia marxista incorporou-se ao Serviço Social. É lugar-comum, hoje em dia, falar-se em "método dialético" para o Serviço Social.

Obviamente, o grau de crítica e autocrítica mesclado com as novas proposições variou de país para país. Nos países onde o processo social estava mais borbulhante, o movimento de reconceituação foi mais feroz, nos países onde este processo era mais lento, a dinâmica da reconceituação também foi mais lenta.

Levando isso em consideração, dá para imaginar como foi esse movimento no Brasil onde o processo político era o inverso do que acontecia na Argentina, Chile, Uruguai, Peru etc. Nesses últimos, havia governos democráticos, com todos os substantivos que pode ter uma democracia burguesa (liberdades sindicais, partidárias, de expressão etc.); no Brasil havia uma ditadura militar.

O Movimento de Reconceituação brasileiro foi mais uma adequação aos áureos anos do milagre e a modernização do Serviço Social para as exigências do momento, em que é o Estado quem dirige o processo de modernização da sociedade brasileira.

Assim sendo, a reconceituação no Brasil dá-se assimilando as exigências conjunturais da sociedade brasileira, concentrando-se na tarefa de adequar o Serviço Social às necessidades do Estado e da grande empresa monopolista. A justificativa para sua existência é tornar-se mais eficiente, mais racional e mais técnica.

Só para constar, há, no início dos anos 1970, no Brasil, uma tentativa de retomada da Reconceituação em moldes revolucionários e a proposição de um método dialético com um atraso histórico de pelo menos cinco anos.

Como era muito difícil pensar o cotidiano profissional e o compromisso com a população passando pelo materialismo dialético, muitos assistentes sociais passaram a confundir a prática profissional com a militância política. Para quem trabalhava na favela, o compromisso significava ir morar na favela, para quem trabalhava na indústria, comprometer-se era ir trabalhar na linha de montagem.

Como qualquer trabalho institucional era execrado como reacionário e aliviador de tensões, como nas instituições públicas o assistente social era a imagem do controle social e dos interesses do Estado, a maioria dos assistentes sociais, que apesar de suas crenças precisava trabalhar para viver, passou a fazê-lo com uma consciência infeliz. O Serviço Social carregava todas as culpas do mundo.

É muito fácil fazer um balanço depois que o tempo assentou sua poeira sobre os acontecimentos; reconstruir o quadro e retomar o presente é muito mais complicado. O sonho acabou, mas a história continua.

Intervalo para mudança de cenário

Brasil – de 1920 a 1930: Questão social um caso de polícia – caridade e repressão

Para melhor compreensão de como foi o surgimento do Serviço Social no Brasil e para chegar ao

Brasil pós-1960, é preciso uma breve pausa a fim de estabelecer o cenário desse paraíso tropical na época em que começam a surgir as primeiras formas da profissão.

Como eu já falei que o Serviço Social é filho da cidade e da indústria, fica claro que no Brasil sua existência começa com o processo de industrialização e concentração urbana, momento em que o proletariado começa a brigar também pelo seu lugar na vida política.

A "questão social", que se impõe nesse momento, nada mais é do que a necessidade de se levar em consideração os interesses da classe operária em formação.

A implantação do Serviço Social se dá neste processo histórico, a partir da iniciativa particular de vários grupos da classe dominante, que têm na Igreja Católica seu porta-voz.

É claro que não fazia parte das reivindicações dos operários a implantação deste tipo de serviço. Por mais estranho que pareça, são os grupos burgueses que mais vão contribuir para que essa profissão se seja aceita pela sociedade.

Mas por que foi assim?

As condições de trabalho neste país eram as piores possíveis. A jornada diária era sempre calculada de acordo com as necessidades das empresas. Se a fábrica precisasse que seus operários trabalhassem 16 horas por dia, trabalhava-se 16 horas por dia. Mulheres e menores de idade (menores de 14 anos inclusive) estavam sujeitos ao mesmo ritmo de trabalho, não tinham direito a férias nem descanso remunerado no fim de semana. Se o operário ficasse doente não tinha auxílio doença. O salário do operário e de sua família era somente para comer.

Sua vida cultural, educação (primária), saúde e todos os pequenos prazeres cotidianos que a vida pode oferecer ficavam a cargo da filantropia ou da caridade. O trabalhador urbano brasileiro e sua família eram subcidadãos.

Começam a surgir, então, movimentos sociais que tinham como objetivo defender o único patrimônio desta população: sua vida. Formam-se as Sociedades de Resistência e os sindicatos que, a princípio, lutarão pela defesa do poder aquisitivo e, logo depois, pela promulgação de uma legislação trabalhista que controlasse um pouco a exploração selvagem a que estavam submetidos os trabalhadores.

O Estado (governo) respondeu muito timidamente, fazendo alguns decretos e leis que estavam muito longe de dar o mínimo requerido. A única resposta concreta às greves e movimentos foi a repressão policial que, apesar de bater, prender, etc., não se mostrou eficiente para acabar com o problema.

Temos como saldo, no fim da década de 1920, a Lei de Férias (15 dias) e o Código de Menores, que regulamentava a jornada de trabalho das crianças.

A reação das empresas com relação a essas pequenas vitórias foi a "preocupação" sobre o que o operário faria nesses dias de folga, quando esse homem comum, que não teve a educação e o refinamento necessários para cultivar o ócio, seria vítima fácil dos "vícios" e da "animalidade". Isto é, o modo de vida capitalista ainda não estava suficientemente dentro da cabeça do homem do povo para que ele pudesse organizar seu curto lazer.

Era necessário, portanto, que essas medidas sociais fossem complementadas pelo disciplinamento desse curto tempo livre, propiciando-se também equipamentos de lazer, alguma educação formal, a mentalidade de culto ao lar e sua boa organização, quer dizer, tornar o proletariado ajustado à ordem capitalista industrial, produzindo uma certa "racionalidade" em seu comportamento e sua postura perante a sociedade.

O operário nos dias de folga seria vítima fácil dos "vícios" e da "animalidade".

Daí as empresas começarem a oferecer uma precária assistência médica, as caixas de auxílio, as escolas, as vilas operárias etc.

Para a tarefa de socializar o proletariado no capitalismo, contribuem os empresários e a Igreja Católica, por intermédio de seu laicato.

São as Ligas das Senhoras Católicas, em São Paulo, e a Associação das Senhoras Brasileiras, no Rio, que vão assumir a educação social dos trabalhadores urbanos brasileiros, em uma perspectiva de assistência preventiva e do apostolado social.

Brasil – décadas de 1940 a 1950:

Questão social – um caso de política

Apesar de sua ação extremamente limitada e de seu conteúdo assistencial e paternalista, foi a partir do lento desenvolvimento das Ligas das Senhoras Católicas e da Associação das Senhoras Brasileiras que se criaram as bases materiais, de organização e principalmente humanas, as quais a partir da década de 1930 permitirão a expansão da ação social e o surgimento das primeiras escolas de Serviço Social.

Desse embrião de Serviço Social à necessidade de formação técnica especializada para o laicato foi um pulo, pois a eficiência e eficácia desses movimentos diante da questão social" era incontestável. Em 1936, foi fundada a Escola de Serviço Social de São Paulo, a primeira do gênero no Brasil que, como era de se esperar, se liga à Pontifícia Universidade Católica de São Paulo.

Após esse período a questão social torna-se cada vez mais uma questão de política e menos de polícia apesar de, ainda hoje, certos governos colocarem coronéis em Secretarias de Promoção Social.

As tarefas desenvolvidas pelos assistentes sociais durante esse período são, principalmente, prestar assistência material, prevenir a "desorganização" e a "decadência" das famílias proletárias, efetuar a regularização legal das famílias (casamentos), fazer encaminhamentos, colocação em empregos e abrigos provisórios, fichário dos assistidos, cursos de formação moral etc.

Como podemos ver, as primeiras tarefas exercidas pelos assistentes sociais brasileiros não diferem muito daquelas exercidas pelas pioneiras da profissão, no começo do século XX.

Após a criação das primeiras escolas de Serviço Social, ocorre a institucionalização do Serviço Social, quer dizer, pouco a pouco o governo vai criando instituições que vão assumir a assistência social e legalizando a existência da profissão no Brasil.

A criação do Conselho Nacional de Serviço Social, por decreto-lei, em 1938, é um sintoma da preocupação do Estado Novo com a questão da assistência pública, mesmo que este Conselho não tenha dado resultados práticos.

A primeira instituição pública importante, também criada por decreto-lei na área da Assistência Social, foi a Legião Brasileira de Assistência, nascida em 1942 com o objetivo de "trabalhar em favor do progresso do Serviço Social" ao mesmo tempo que procurava canalizar e conseguir apoio político para o governo, por meio de sua ação assistencialista.

A LBA, organização de nível nacional, dará um apoio efetivo às escolas de Serviço Social já existentes e vai incrementar o surgimento de novas escolas, nas capitais onde não havia.

Com relação ao processo de institucionalização do Serviço Social, a LBA foi o organismo mais importante porque, dado o seu caráter nacional, possibilitou a organização e a expansão do Serviço Social, ao mesmo tempo que auxiliou a melhorar a formação técnica dos profissionais.

Quanto às técnicas de trabalho, continuou dentro dos padrões existentes, isto é, copiava os modelos norte-americanos.

O SONHO ACABOU E O FEIJÃO ESTÁ CARO: O SERVIÇO SOCIAL PÕE OS PÉS NO CHÃO

O início da década de 1970 foi, também para nós, assistentes sociais, o fim dos sonhos.

Com o fim do projeto revolucionário para a América Latina e, por outro lado, com o fim do "milagre" brasileiro, o movimento de reconceituação não só acabou, como foi triturado pelo rolo compressor da reação.

Mas há um problema estrutural na profissão que, mesmo no período de crítica mais feroz, permaneceu intocada: a questão dos princípios do Serviço Social.

Ouvimos na faculdade e lemos nos textos de formação profissional, até a exaustão, o seguinte: é necessário respeitar a pessoa humana e sua dignidade, a pessoa humana tem direito a encontrar na sociedade as condições para sua autorealização todo ser humano tem capacidade de se aperfeiçoar e se desenvolver.

Isto em linguagem comum quer dizer: "Eu, assistente social, compreendo – o porquê você é gente como eu".

Somente agora, quando se observa que a declaração dos direitos da pessoa humana, elaborada pela ONU, pode não passar de palavras vazias, é que o Serviço Social começa a se deitar no divã do analista.

Afinal, não somos responsáveis pelas culpas do mundo, muito menos pelos seus desacertos.

A consciência infeliz não é suficiente para resolver os problemas sociais, mas é campo fértil para o aparecimento das patrulhas ideológicas na área profissional, outra marca inconfundível do período que se iniciou na década de 1970.

Os assistentes sociais sentiam-se intimidados em apresentar sua prática cotidiana, seu dia-a-dia que ainda era muito cinzento, porque, se a cor não tivesse um tom vermelho, o trabalho profissional não tinha qualidade.

Mas como as pessoas precisam viver e comer e, para isso, é necessário trabalhar (nesse sentido o

O que é Serviço Social 51

capitalismo acredita mais nessas pequenas imposições diárias do que nos discursos da vanguarda), o Serviço Social continuou exercendo suas funções e hoje tenta adquirir mais jogo de cintura.

Inclusive porque a sociedade, para o bem ou para o mal, precisa do trabalho dos assistentes sociais, continuamos na Legião Brasileira de Assistência, distribuindo cotas de alimentos, fazendo documentação de migrantes, auxiliando no registro gratuito de crianças que nascem sem que os pais possam pagar o registro de nascimento.

No Centro de Atendimento Socioeducativo ao Adolescente (Fundação CASA), atendemos menores e pais de menores, orientamos os processos de adoção de crianças órfãs ou abandonadas pela impossibilidade econômica de seus pais de sustentá-las; nos Postos de Saúde da Prefeitura ou nos Centros de Saúde do Estado continuamos fazendo encaminhamento para outros recursos, distribuindo leite quando necessário, orientando quanto aos serviços de saúde prestados por estas instituições para que os usuários de fato usem tudo aquilo a que têm direito, explicando a importância da vacinação para pais que ainda não o sabem, fazendo grupos de grávidas e de orientação sexual para adolescentes, participando de campanhas de vacina.

Na Secretaria da Família e do Bem-Estar Social, fazemos planejamento, plantões para atendimento de emergência, atendendo a população quando há enchentes, quedas de barraco, alojando temporariamente as famílias em escolas, igrejas etc. e acionando o esquema de Defesa Civil (bombeiros, pronto atendimento, vacinas etc.), necessários nessas situações. Assessoramos as creches da Secretaria, orientamos favelados quanto aos seus direitos.

No Instituto Nacional de Seguro Social (INSS) fazemos orientação a respeito de direitos previdenciários, auxiliamos velhinhos a fazerem suas aposentadorias, explicamos aos assalariados, futuros papais e mamães, como receber o auxílio-natalidade.

Nas empresas facilitamos o uso dos convênios, administramos caixas de empréstimos, organizamos festas de funcionários etc. Nas paróquias trabalhamos com a distribuição de recursos assistenciais (alimentos, enxovais de bebê, remédios), colaboramos na organização de clubes de mães, fazendo palestras e até dando aulas de crochê, se este for o elemento que vai juntar pessoas para discutir problemas comuns.

Ao fazer a listagem das atividades mais comuns no dia-a-dia da maioria dos assistentes sociais, dou-me conta de que alguns profissionais da área do social consideram algumas dessas atividades suas funções; mas, quando a população procura nossos serviços, ela não discute nem separa se é trabalho do assistente social, da educadora sanitária ou da pedagoga. Ela (a população) quer ser atendida e isso deve ser feito da melhor maneira possível.

Tudo isso e mais algumas pequenas práticas profissionais cotidianas constituem o dia-a-dia do nosso que fazer. Parece pouco? De fato ainda é muito pouco e fazer apenas isto não significa um compromisso efetivo com a população, e, por isso, após 1975 a profissão vê surgirem alguns fatos novos que, apesar de não se constituírem na prática da maioria dos assistentes sociais, caminha lentamente para isso.

Já encontramos muitos colegas de trabalho que acreditam que se identificar e prestar serviços à população significa também participar profissionalmente de movimentos de favelados em busca de melhores condições de moradia, auxiliar no encaminhamento de lutas por creche e participar de movimentos sociais, colaborando na organização e mobilização de grupos sociais que buscam desafogo mínimo para a dureza da vida diária, colocando seu saber profissional a serviço desses grupos; enfim, socializando o máximo possível seus conhecimentos técnicos.

Alguns assistentes sociais de instituições públicas não mais esperam que a população venha até eles, mas saem de suas salas de trabalho e vão até a população.

Sabemos hoje que é necessária a fiscalização dos serviços prestados à população e que o controle e a qualidade desses serviços dependem da participação direta da população usuária nessa fiscalização. É nosso papel também, como profissionais que lidam diretamente com os cidadãos diariamente, colocar presente este fato, repeti-lo mil vezes se isso for necessário, mostrar a verdade das mais variadas maneiras para que isso se torne verdade e não apenas discurso.

Hoje, o trabalho com Caso, Grupo e Comunidade já não é o mesmo de trinta anos atrás. O Serviço Social busca conquistar novos espaços profissionais ao mesmo tempo que, procurando se identificar enquanto categoria, tenta se organizar.

É claro que a realidade mudou, e hoje a diferença entre o feijão e o sonho acompanha o ritmo galopante da inflação e os azares da abertura política, que trazem novas questões para a prática da profissão, exigindo dos assistentes sociais também uma definição enquanto categoria profissional.

Ao mesmo tempo, internamente, percebe-se que há uma tentativa de recuperação das técnicas profissionais negadas anteriormente como alienantes e reacionárias e que a prestação de serviços assistenciais não significa necessariamente ser assistencialista.

Os assistentes sociais estão descobrindo que a identificação e o comprometimento com a população à qual prestam serviços passam necessariamente pela sua identificação enquanto trabalhador assalariado na sociedade capitalista moderna e que, nela ou em qualquer outra sociedade, "gente é para brilhar e não para morrer de fome".

Do POBRE AO CIDADÃO IV

A noção de pobre e de pobreza, desajuste, doença social, como já vimos, permeou por muito tempo a prática do Serviço Social.

No caso do Brasil, isto é muito mais sério do que parece, porque a nossa tradição é baseada na concepção do favor e, portanto, do privilégio.

Quem primeiro trabalhou neste país foram os condenados em Portugal que, como castigo, eram mandados para este fim de mundo para trabalhar até morrer

Depois se tentou fazer o índio trabalhar, mas não deu certo.

Quem de fato trabalhou mesmo no Brasil foram os escravos africanos, e nessa época ou se era senhor de terra ou escravo. A escala social só tinha espaço definido para o dono de escravos ou para os escravos.

Trabalhar mesmo nesta terra era "coisa de preto". Os que não eram escravos nem senhores da terra eram os "homens livres" (do trabalho). Que, segundo consta, incorporavam-se socialmente dentro de afazeres do tipo serviço público, de pequeno comércio ou, em sua grande maioria, viviam de favores dos donos de terras ou dos políticos, seus representantes.

A colocação desses homens livres na sociedade não se definia pela sua participação no processo produtivo. Como eles não trabalhavam, também não tinham direitos, tinham "privilégios", e estes dependiam da boa vontade do senhor, seu padrinho.

A ideia de que as pessoas, pelo simples fato de nascerem, têm direitos adquiridos perante a sociedade jamais passou pela cabeça do cidadão comum e muito menos o fato de poder trabalhar é mais um direito.

O trabalho não era visto como forma de participação ou de contribuição à sociedade; era um castigo.

Até hoje há um ditado que diz: "Eu estou procurando emprego, não trabalho".

O brasileiro pobre é aquele que, quando vai a qualquer instituição pública exercer seus direitos, sempre pensa e se coloca na posição de quem vai pedir um favor e depende da boa vontade daquela pessoa que o atende, recebendo-o bem ou mal. Ele não se sente como cidadão, usufruindo seus direitos; para ele, ser pobre não é um problema social, mas uma vergonha individual.

O Brasil hoje é um país eminentemente urbano-industrial. Vive mais gente na cidade do que no campo; a indústria domina a agricultura.

As cidades crescem sem planejamento, e o uso da cidade torna-se, a cada dia, um sacrifício maior, quando poderia e deveria ser, também, um prazer.

O brasileiro, por não ter aprendido a ser cidadão, isto é, aquele que vive na cidade e que tem direitos (e deveres) de cidadania adquiridos, sofre penosamente essa carga diária de sacrifícios.

Até mesmo exercer o direito à segurança social, um direito comprado por meio da contribuição obrigatória, mensalmente descontada de seu salário, é um problema.

É dentro desse quadro que o Serviço Social busca redimensionar sua prática cotidiana.

Durante muito tempo a Sociologia, a Psicologia e a Filosofia foram as disciplinas nas quais o Serviço Social procurou as explicações para fundamentar sua prática cotidiana.

Por esses caminhos, conseguimos entender um pouco o mundo e a sociedade em geral, mas ainda buscamos explicar, por exemplo, como o brasileiro de hoje usa a cidade, como ele encara a prestação de serviços públicos e quais são seus direitos de cidadania, inclusive os direitos dos assistentes sociais, cuja profissão é essencialmente urbana.

Fazer a ponte entre o cotidiano e a História é uma questão nova, tanto nas Ciências Sociais como no Serviço Social.

O assistente social também é cidadão, paga impostos até pelo ar que respira, assim como toda a população; logo, a identificação com sua clientela se dá, principalmente, como contribuinte.

Acredito que isso recupera, até certo ponto, a visão da clientela. Não estamos mais diante do pobre que vem pedir favores, mas diante do trabalhador (empregado ou desempregado) que paga impostos que deveriam ser revertidos em serviços sociais e em direitos de cidadania. Como a maioria dos assistentes sociais trabalha em instituições públicas, mantidas, portanto, pelo dinheiro público, e recebem seus salários dos impostos que são pagos pelo conjunto da sociedade, seu patrão é o contribuinte e não o Estado. A este patrão devemos muito, principalmente competência.

Trabalhamos, pois, na distribuição dos direitos de cidadania, como facilitadores do exercício desses direitos que o Estado faz questão de complicar e de mostrar como favores.

A burocratização dos serviços públicos, o incrível número documentos requisitados para que o trabalhador se utilize de um serviço público, a que tem direito, mostram muito bem que nem sempre há o interesse por parte das instituições públicas em realmente atender a população.

Não trabalhamos por que queremos resolver os problemas do mundo, porque temos dó dos pobres ou por termos vocação para o sofrimento. Aqui acaba a nossa consciência culpada!

O Serviço Social é uma prática profissional, de nível universitário, inserida na divisão social do trabalho como qualquer outra profissão, e divide, com os trabalhadores urbanos, as incertezas e esperanças de quem é brasileiro e, apesar disso, tem fé na vida.

Conclusão: novos horizontes...

Novos horizontes surgem para o Serviço Social.

Muito se escreve sobre participação social, cidadania, direitos sociais, e muitos se ocupam em fazer análise institucional, em tentar descobrir para que servem as instituições, como se dividem e se organizam os vários saberes e poderes dentro delas e como esse poder se espraia pelo resto da sociedade.

Fala-se muito também em práticas alternativas ou alternativas às práticas tradicionais.

De qualquer forma, temos alguns momentos que foram marcantes nessa fase de mudanças por que passamos. Lembremos dois desses momentos em termos de organização da categoria profissional.

O primeiro deu-se em 1978, quando a Associação Profissional dos Assistentes Sociais de São Paulo (APASP), que já existia há muitos anos, mas estava em banho morno desde 1968, se rearticulou. Nesses dez anos (1968/1978), muitas associações profissionais se desarticularam ou ficaram na moita, especialmente as mais combativas, pois era impossível, nesse período, qualquer luta organizativa mais forte, dada a negra conjuntura política da época.

O segundo momento foi em 1979, durante a realização do III Congresso Brasileiro de Serviço Social, quando demos a grande virada de mesa. Um Congresso que, a princípio, tinha muito de bajulação dos nossos empregadores, acabou sendo, graças às pressões da base, um momento de reafirmação dos interesses da categoria.

A inserção dos assistentes sociais na vida política do país, hoje, torna-se evidente quando observamos os moradores da periferia defendendo-os no recente caso criado pelo ex-secretário da Família e do Bem-Estar Social (o coronel); e quando um assistente social sai da entidade profissional para exercer mandato na Câmara de Vereadores de São Paulo. São vitórias que indicam mudanças.

Hoje, defrontamo-nos com muitas possibilidades e, como consequência, temos muitas dúvidas.

Toda a sociedade tem colocado a questão da democratização do Estado e dos serviços públicos como ponto central de suas muitas lutas. Essa democratização pressupõe não só a exigência de novos e melhores recursos de atendimento aos trabalhadores urbanos e à população em geral, mas também a repartição dos recursos já existentes (creches, escolas, postos de saúde, água, esgotos, energia, transportes, escolas, empregos, salários, equipamentos de lazer, terra, moradia) de maneira menos desigual.

Aí entra a questão e a nova proposta para o Serviço Social, porque é evidente que, no bojo da luta pela democratização do Estado, o fato de o assistente social ser funcionário desse Estado coloca-o diante de muitas ambiguidades.

Dá para imaginar o que seria um assistente social trabalhando, digamos, numa Fundação CASA democrática? Ou exercendo funções representativas?

A resposta será nós nunca fizemos isso, teremos de aprender, fazendo, e prepararmo-nos para fazê-lo bem feito.

Pensar o papel do Serviço Social no aparelho de Estado, a relação do Serviço Social com o Estado, é a grande questão. Mesmo que a solução para a crise econômica que sofremos não seja social e a necessidade de responder a essa questão não se coloque de imediato, é certo que o Estado está mudando, e esperamos que se afirme a tendência de mudar para melhor. Precisamos estar prontos para isso.

Será que o Serviço Social está aparelhado para atender a população nos menores prazos, com baixos custos e garantindo os melhores resultados?

Indicações para leitura

Para quem desejar mais informações a respeito da História do Serviço Social no Brasil, o livro *Relações sociais e Serviço Social no Brasil*, da Marilda Iamamoto e do Raul de Carvalho, coeditado pelo Celats e Editora Cortez, São Paulo, 1982, é sem dúvida um dos melhores livros que já se escreveu sobre o assunto.

Para temas específicos, como o Movimento de Reconceituação do Serviço Social, o texto do José Paulo Netto, que se encontra na coletânea *Desafio ao Serviço Social*, da Editora Humanitas, de Buenos Aires, é de fácil leitura; é bom lembrar, no entanto, que está escrito em espanhol e numa edição muito difícil de encontrar.

Há outros também muito interessantes, como o texto do Vicente de Paula Faleiros, *Metodologia do Serviço Social*, que é uma discussão a respeito de como o Serviço Social trabalha.

Para quem desejar um panorama sobre o que é o Serviço Social hoje, no Brasil, a revista *Serviço Social e Sociedade*, já no número 11, traz artigos, entrevistas e discute questões da profissão, aqui e agora. É publicada pela Editora Cortez, São Paulo.

Recomendo também os já clássicos livros Serviço Social e ditadura, do Zé Paulo Neto; Serviço Social em tempo de capital fetiche, da Marilda Vilela Iamamoto; Serviço Social: identidade e alienação, da Maria Lucia Martinelli; Classes subalternas e assistência social, da Carmelita Yazbek. O leitor, se quiser, encontrará além dos livros indicados, muita coisa publicada e de boa qualidade. A produção de conhecimento na área de Serviço Social como uma Ciência Social Aplicada desenvolveu-se muito nos últimos vinte anos.

• • •

Muitas das coisas que escrevi se encontram mais bem desenvolvidas nos livros acima citados, e se vocês encontrarem algumas das frases entre aspas deste livro nos textos a que me referi, não é mera coincidência é citação mesmo.

Sobre a autora

Sou Assistente Social e professora, livre-docente, aposentada da Unesp, campus de Franca-SP. Atualmente coordeno o Curso de Serviço Social da Unifeg Guaxupé-MG. O prazer que me proporciona ser assistente social, professora, mãe e avó compensa todas as pequenas misérias da vida cotidiana e da condição humana. Gosto muito do que sou e do que faço!